first word search

Easy Reader Phonics

Illustrated by
Steve Harpster

Sterling Publishing Co., Inc.
New York

The dog was stuck up a tree onou)

Solution

boy from naber-hode he get the dog down

I'll hellp you do

10 9 8 7 6 5 4 3 2

Published in 2005 by Sterling Publishing Co., Inc.

387 Park Avenue South, New York, NY 10016

© 2005 by Sterling Publishing Co., Inc.

Distributed in Canada by Sterling Publishing

c/o Canadian Manda Group, 165 Dufferin Street

Toronto, Ontario, Canada M6K 3H6

Distributed in Great Britain and Europe by Chris Lloyd at Orca Book

Services, Stanley House, Fleets Lane, Poole BH15 3AJ, England

Distributed in Australia by Capricorn Link (Australia) Pty. Ltd.

P.O. Box 704, Windsor, NSW 2756, Australia

Printed in China

All rights reserved

Sterling ISBN 1-4027-2297-4

For information about custom editions, special sales, premium and
corporate purchases, please contact Sterling Special Sales
Department at 800-805-5489 or specialsales@sterlingpub.com

A Note to Parents:

Word search puzzles are both great teaching tools and lots of fun. After reading the word and spelling it out loud, have your child search for it in the grid. Then once it's found, have your child use the word in a sentence. This will help to reinforce vocabulary and grammatical skills.

Directions:

Each puzzle consists of a letter grid and a word list at the bottom of the grid. Each word can be found somewhere in the letter grid. The tricky part is that a word can appear reading forward, backward, up, down, or diagonally. There are many different ways to search for a word. A few hints: first look for words that go across; words that go down; or words with unusual letters in them, like Q, Z, X, or J. Once the word is found, draw a circle around it. It's also a good idea to cross out the words from the word list once they are found so that no time is wasted searching for the same word twice. Once all of the words are found, check in the answer section to see if they are right. That's all there is to it!

Good luck and have fun!

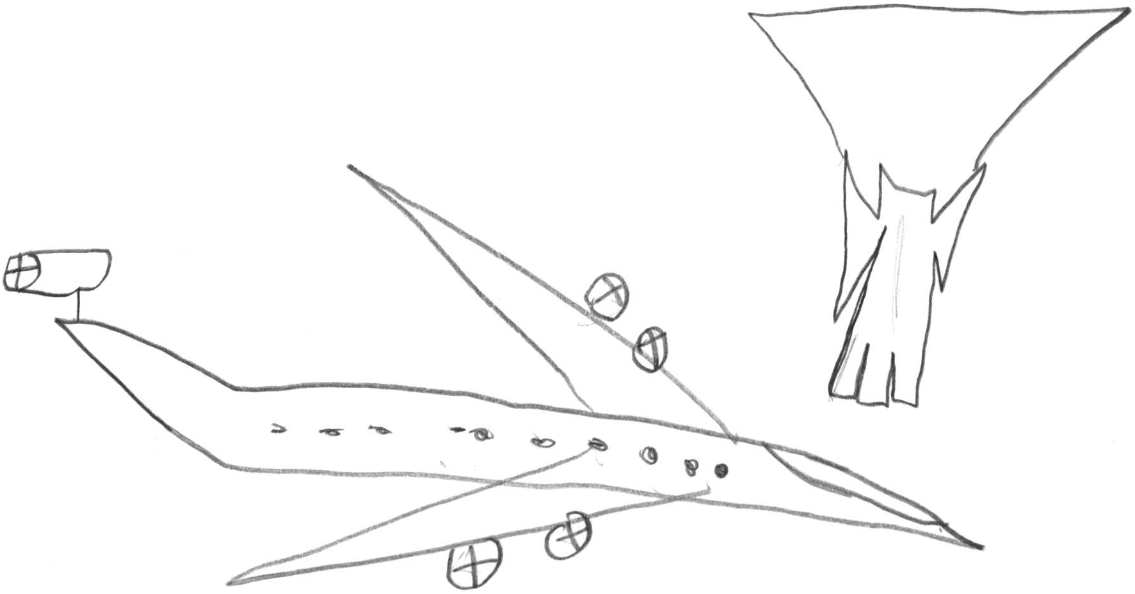

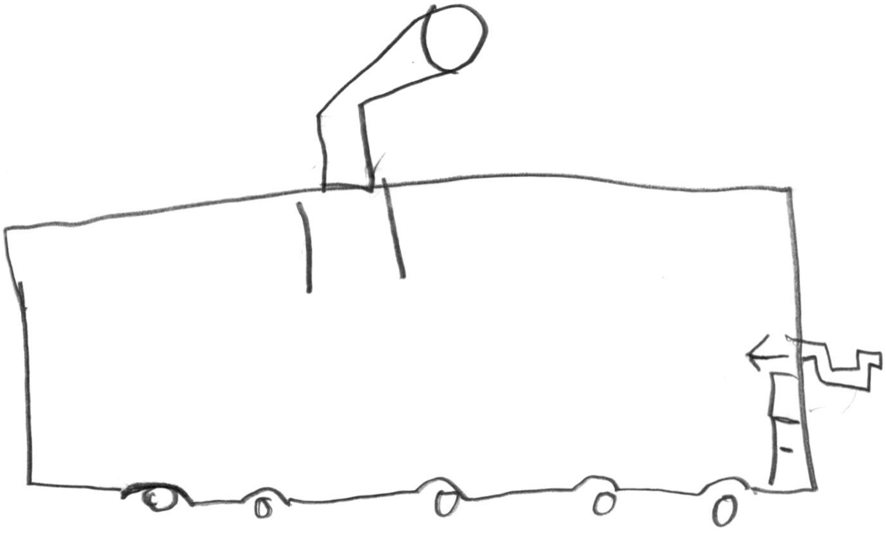

Long A Sounds

L	C	L	R	E	Y	M	K	E
T	A	E	J	Z	M	Q	C	L
G	V	M	Y	J	Q	A	N	B
L	E	A	V	E	L	M	T	Y
N	R	F	W	Z	K	L	A	S
G	R	R	M	A	W	M	A	T
P	L	A	Y	M	M	F	W	K
K	K	M	T	K	E	C	X	Y
T	E	D	A	W	Y	T	T	Q

- Maze
- Gray
- Play
- May
- Cave

- Safe
- Wade
- Tame
- Fame
- Lace

Short A Sounds

P	R	N	B	B	R	K	C	T
Y	C	A	D	J	A	P	P	H
N	R	C	N	K	A	C	C	C
G	A	D	A	L	H	M	F	Z
T	M	P	H	D	J	K	C	D
V	H	T	N	A	D	C	N	B
G	T	T	L	X	M	A	N	A
X	N	T	K	B	S	M	Y	R
V	K	L	K	W	F	B	C	C

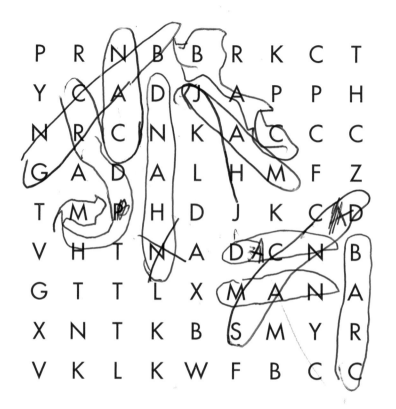

Crab	Can
Grab	Dan
Man	Cab
Jam	Hand
Cram	Sand

AR Sounds

P	S	P	A	R	N	T	W	L
P	M	L	G	T	D	C	T	H
R	K	A	T	R	H	G	A	P
E	E	M	R	A	M	X	R	T
B	J	V	R	T	N	M	T	Q
R	G	M	R	S	I	X	A	T
A	H	A	R	A	B	N	N	R
B	H	N	J	F	C	X	W	A
C	R	O	B	R	A	H	L	D

Start	Charm
Chart	Harbor
Spar	Carver
Martin	Dart
Tartan	Barber

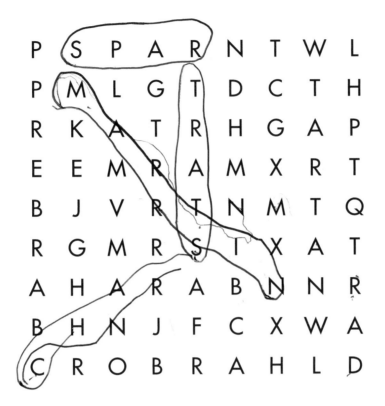

AW Sounds

T	Y	T	J	W	K	L	L	W
R	Z	L	A	I	J	L	Y	Z
L	K	R	H	A	G	X	T	V
H	D	N	W	N	W	S	K	X
N	L	L	A	W	N	A	A	F
W	W	E	P	H	W	N	H	W
A	A	Z	J	K	W	T	A	T
Y	R	L	G	A	Z	C	W	D
M	C	B	F	Z	T	L	K	P

Yawn	Jaw
Fawn	Paw
Lawn	Thaw
Jigsaw	Crawl
Hawk	Draw

AY Sounds

R	Y	A	R	F	Y	P	Y	L
M	N	W	M	A	N	A	V	H
N	A	W	R	X	H	P	Y	J
Y	Y	O	N	S	T	R	A	Y
J	O	A	C	L	F	D	D	Y
H	Y	R	S	D	H	Y	O	X
N	G	H	X	G	K	A	T	L
P	L	G	D	J	A	J	Z	X
Q	D	X	F	N	Y	L	Y	N

Today	Way
Hooray	Fray
Stray	Say
Pay	Jay
Kay	Hay

BL Sounds

R	K	H	T	S	E	U	L	B
M	E	P	B	O	R	B	T	L
O	F	P	P	L	L	R	M	O
S	B	T	O	U	A	B	Q	U
S	T	L	R	O	Q	B	K	S
O	R	R	A	K	L	N	N	E
L	Y	P	J	R	A	B	N	M
B	Q	B	T	L	E	R	K	V
P	B	Q	B	B	L	A	Z	E

Blossom	Blurry
Blank	Blues
Blaze	Blot
Blab	Blooper
Blouse	Blare

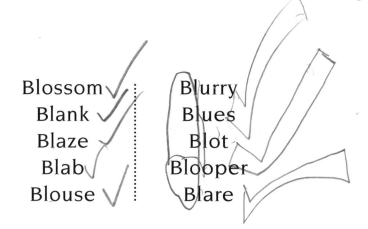

BR Sounds

F	B	E	O	C	N	O	R	B
R	R	G	G	T	T	V	F	R
E	O	N	M	D	L	X	B	O
H	A	I	B	R	I	R	L	W
T	D	A	G	R	A	R	L	N
O	V	T	P	I	O	I	B	I
R	B	I	D	K	O	K	R	E
B	Z	R	L	R	K	X	E	H
B	T	B	B	R	O	O	M	N

Britain
Broil
Broom
Broken
Broad

Bridge
Brownie
Bronco
Braid
Brother

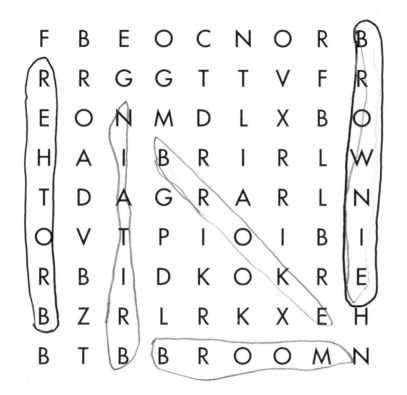

Hard C Sounds

N	N	A	Q	C	L	P	E	K
N	D	Y	M	L	L	V	R	K
C	E	P	E	M	O	R	C	K
A	N	W	K	C	O	W	O	C
T	A	C	A	N	H	C	M	A
H	C	L	C	L	Y	K	I	R
Y	L	O	D	L	L	X	C	C
W	O	V	M	N	T	N	N	B
L	Y	F	M	O	C	K	T	M

Crack
Cove
Cake
Call
Comic

Cool
Comfy
Comma
Cane
Cathy

Soft C Sounds

K	C	R	C	K	M	L	T	E
F	E	E	N	E	V	J	T	R
N	D	T	L	L	L	A	G	C
I	A	N	T	I	R	E	I	R
A	R	E	N	B	V	N	R	X
T	G	C	E	Z	E	I	Z	Y
R	L	L	C	M	G	R	C	V
E	E	L	A	E	R	E	C	Q
C	N	T	C	I	T	I	E	S

Cent	Cinema
Celebrate	Cereal
Cities	Civil
Celery	Center
Cedar	Certain

CH Sounds

N X K C M K L R N
F C X C T B C A R
W O H C E X H D C
R M H A I H I D H
D A J L N G C E E
D F I V W C K H E
K H N N H C E C T
C C H I E F N K A
C H A P T E R W H

Cheddar ✓   Chad ✓
Chili ✓   ✓ Chow
Chief ✓   ✓ Chapter
Chance ✓   ✓ Check
Cheetah ✓   ✓ Chicken

CK Sounds

K	K	K	J	K	Y	V	X	K
D	K	C	V	C	L	I	C	K
X	C	K	U	X	T	A	P	Q
G	I	C	M	P	B	T	I	T
D	U	U	X	U	R	K	C	M
J	Q	R	C	I	C	G	K	H
W	M	T	C	D	K	K	T	B
Z	G	K	C	U	D	M	Q	T
P	J	M	W	L	T	A	C	K

Back
Click
Muck
Truck
Pick

Trick
Duck
Puck
Quick
Tack

CL Sounds

C	F	C	B	K	C	M	K	V
C	L	T	L	L	X	T	M	Y
L	T	I	O	O	M	M	S	B
A	G	N	C	M	T	M	M	B
N	E	H	C	K	U	H	M	V
B	J	S	W	L	Y	I	E	V
L	U	A	C	C	L	A	S	S
W	L	L	V	C	N	Q	N	D
M	K	C	C	D	U	O	L	C

Clash
Climb
Class
Click
Clan

Clone
Cloud
Clothes
Clumsy
Club

DGE Sounds

M	L	J	E	E	Z	G	G	Q
E	T	P	G	N	G	Y	N	P
G	H	O	D	N	C	D	B	W
D	L	R	U	R	U	A	O	E
I	R	R	F	E	D	D	R	D
R	G	I	G	G	K	B	G	G
F	D	D	E	G	F	T	C	E
Q	E	G	X	J	U	D	G	E
L	N	E	K	E	G	D	E	H

Fudge	Badge
Ledge	Hedge
Judge	Porridge
Nudge	Fridge
Wedge	Dodge

DR Sounds

N	O	G	A	R	D	P	D	M
D	R	A	F	T	Y	R	T	G
E	F	Q	D	S	A	D	A	Y
V	C	Z	S	W	Y	R	N	T
I	C	E	I	S	J	U	B	Z
R	R	N	W	C	Z	M	Q	F
D	G	O	L	X	V	M	N	C
D	R	I	B	B	L	E	N	W
D	K	N	I	R	D	R	Z	K

Drive
Dress
Dribble
Drat
Drummer

Drawing
Drink
Drafty
Dragon
Drowsy

Long E Sounds

T	S	A	E	F	M	H	K	M
R	B	M	E	A	T	C	E	S
G	Q	Q	E	N	L	Z	E	E
F	H	R	N	E	E	K	R	E
M	D	E	A	N	D	E	C	N
F	A	N	E	E	G	T	H	V
T	E	G	E	L	F	F	L	J
N	R	P	R	H	F	R	M	X
N	S	T	Z	C	K	C	N	Q

Creek	Clean
Speed	Feast
Meat	Keen
Heel	Read
Seen	Dream

Short E Sounds

R	N	T	K	T	N	D	B	Y
L	M	R	T	N	D	N	R	E
T	E	S	W	N	N	E	K	L
Z	E	G	E	B	B	I	L	L
R	G	P	B	E	T	R	L	K
K	S	W	N	E	T	F	E	B
K	V	C	T	M	S	K	W	R
W	H	D	N	E	M	T	V	Y
K	L	E	N	D	G	J	G	Y

Friend	Bench
Spend	Mend
Lend	Gel
Best	Well
Yell	Rest

EA Sounds

B	H	B	R	M	L	K	V	T
D	T	A	N	A	A	L	Y	P
Q	E	N	A	E	L	E	T	F
D	C	K	E	R	L	A	R	B
M	T	S	B	C	E	V	L	D
Y	N	K	E	M	D	E	K	D
K	J	G	L	A	C	S	K	E
F	S	E	A	T	L	F	L	A
Q	Q	Y	T	X	W	F	H	L

Bean	Dear
Meat	Lean
Seat	Dream
Seal	Leaves
Deal	Cream

GH Sounds

C	S	T	N	K	D	G	S	D
A	L	I	Z	T	H	I	N	A
U	B	V	G	G	G	M	E	U
G	K	R	U	H	Q	T	I	G
H	M	O	E	Q	T	H	G	H
T	D	D	T	A	U	G	H	T
T	H	G	U	O	B	I	B	E
N	B	T	Y	R	R	N	O	R
T	H	R	O	U	G	H	R	V

Night	Bought
Dough	Sighed
Taught	Through
Sight	Neighbor
Daughter	Caught

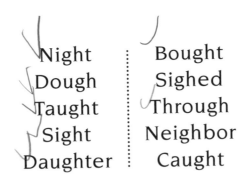

Hard G Sounds

N	T	K	M	P	G	A	Z	E
M	G	A	L	O	S	H	E	S
M	P	A	L	L	I	R	O	G
N	S	D	B	Y	N	G	N	G
H	A	B	B	E	J	O	W	O
G	G	B	D	K	L	L	B	O
V	E	R	Y	F	K	L	P	F
N	A	A	K	K	K	Y	I	Y
G	M	N	R	M	F	B	Z	G

Gasp	Gold
Garden	Gorilla
Gaze	Goofy
Gear	Gill
Golly	Galoshes

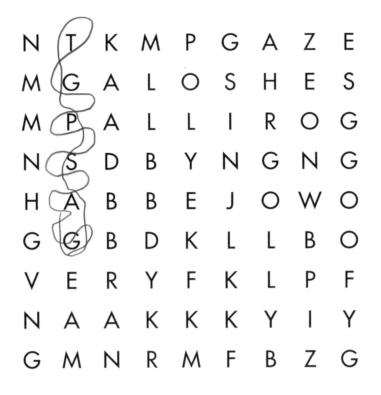

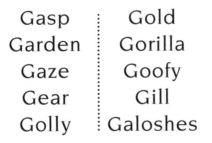

GR Sounds

K	G	A	F	G	R	I	L	L
K	P	G	M	Y	V	A	R	G
E	E	R	M	D	F	G	G	T
E	D	I	G	F	N	R	L	E
R	A	E	D	R	E	A	C	K
G	R	F	R	A	O	A	R	N
H	G	M	T	Q	R	W	C	G
N	H	V	F	G	T	T	T	N
R	A	M	M	A	R	G	K	H

Grade	Great
Grace	Grammar
Grill	Grandma
Growth	Greek
Grief	Gravy

Long I Sounds

J	J	H	T	H	G	I	L	P
K	W	T	E	L	H	S	L	R
C	K	D	C	L	I	I	Q	I
L	L	P	I	G	M	B	K	Z
X	I	G	H	H	M	I	N	E
C	M	T	P	X	R	W	E	D
C	E	N	I	R	K	N	N	M
L	G	L	N	B	I	Y	Y	Z
K	N	K	E	F	E	M	I	D

Ice
Fine
Mine
Hike
Lime
Sight
Light
Dime
Pine
Prize

Short I Sounds

B	I	L	L	K	F	P	V	C
T	B	J	M	N	C	F	L	N
M	Y	T	P	M	I	L	N	Z
H	N	L	T	S	I	L	Q	K
K	L	N	B	N	L	S	M	S
I	Z	I	Q	I	L	C	S	I
S	R	Y	R	I	P	S	R	R
S	D	H	S	X	K	I	K	B
M	T	S	R	G	C	D	S	T

Disc	List
Thrill	Limp
Bill	Sip
Miss	Brisk
Kiss	Ribs

J Sounds

E	Q	J	R	M	D	R	P	M
L	Y	O	B	M	U	J	R	J
G	Y	K	Q	J	Q	T	J	O
N	O	J	U	G	G	L	E	I
I	J	N	V	Z	N	J	N	N
J	K	Y	L	J	Y	H	L	L
D	R	W	Q	M	O	L	V	G
Y	P	P	V	J	Z	K	U	Y
J	O	U	R	N	A	L	E	J

Jingle	Junk
John	Jumbo
Juggle	July
Joke	Journal
Join	Joy

K Sounds

K	E	L	T	T	E	K	W	M
O	W	E	N	O	C	Z	D	T
O	D	T	E	F	O	L	R	N
R	Z	I	H	K	T	Z	E	D
A	J	K	C	H	I	T	A	K
G	V	K	T	K	T	N	I	K
N	J	E	I	I	T	S	G	Y
A	Q	Y	K	N	S	P	N	Z
K	K	E	N	T	U	C	K	Y

Kite
Kitten
Kentucky
Kitchen
King

Key
Kiss
Kettle
Kazoo
Kangaroo

L Sounds

D	J	H	L	A	M	B	L	E
D	A	E	L	H	L	Y	K	X
E	V	Q	S	X	K	G	L	N
P	V	A	V	C	Z	K	A	C
R	E	O	U	Z	N	B	U	D
L	L	L	L	D	O	Q	N	A
Y	R	A	W	X	M	J	D	V
K	W	R	Z	M	E	T	R	A
N	M	M	N	Y	L	F	Y	L

Lemon	Lawn
Lucky	Lead
Lamb	Love
Lazy	Lava
Laundry	Leash

LE Sounds

N	E	E	L	D	D	U	P	Q
S	W	L	G	I	G	G	L	E
I	S	H	B	N	T	K	L	L
Z	N	E	I	U	M	P	I	Q
Z	U	L	T	S	O	T	G	E
L	G	P	J	E	T	D	D	L
E	G	R	P	L	Z	L	W	B
W	L	U	E	H	W	V	E	A
N	E	P	V	P	N	V	N	M

Purple
People
Giggle
Whistle
Sizzle

Little
Puddle
Snuggle
Double
Able

LL Words

B	G	T	L	L	L	T	Z	L
B	N	T	W	X	L	L	W	N
V	L	M	E	L	E	L	N	T
M	Y	L	L	L	W	E	J	Z
H	N	E	U	L	L	P	M	B
K	H	B	L	F	B	S	I	B
S	K	A	N	C	A	L	L	E
R	W	W	K	J	L	T	X	L
G	J	X	P	L	L	O	T	L

Spell	Bill
Shell	Toll
Call	Full
Tell	Well
Bell	Wall

Long O Sounds

L	P	M	A	O	F	M	C	T
F	N	Y	T	E	B	O	A	V
T	R	Y	S	H	M	O	M	V
W	Q	Z	O	B	B	O	F	C
J	L	W	H	S	E	W	R	O
H	O	J	G	W	R	F	D	A
R	O	D	C	K	C	H	L	S
B	J	P	R	M	T	L	O	T
W	X	F	E	B	N	Y	B	F

Ghost	Comb
Boat	Foam
Sew	Rome
Hope	Bold
Coast	Row

Short O Sounds

L	C	S	W	X	L	C	K	M
M	J	R	P	C	R	O	P	B
K	L	N	F	O	R	N	Q	P
V	O	C	J	X	T	J	P	B
R	T	B	L	M	O	K	O	V
T	S	O	J	T	H	P	C	P
D	V	L	M	O	N	R	O	P
M	G	B	L	N	L	R	O	M
J	G	M	T	W	D	P	V	C

Blob	Hot
Pop	Tom
Crop	Mop
Spot	Cop
Lots	Drop

OA Sounds

T	R	M	K	R	P	D	Q	K
N	L	H	C	A	O	C	T	K
V	N	A	O	R	G	A	L	N
T	Q	X	K	Q	J	X	D	F
A	K	C	R	O	A	K	O	T
O	Q	A	L	Z	L	A	K	S
L	R	A	O	W	L	W	T	A
F	O	M	A	S	J	X	K	O
G	Y	H	D	R	K	Z	F	T

Float
Goal
Croak
Road
Load

Foal
Coach
Soak
Toast
Groan

OO Sounds

K	V	K	V	M	O	O	L	L
T	Y	Y	N	H	Z	W	E	O
O	K	Y	M	M	F	I	X	O
O	O	G	S	O	H	P	K	P
H	O	W	L	T	O	M	K	V
R	P	J	O	O	O	R	P	W
N	S	O	F	O	O	V	G	R
B	M	B	B	T	K	S	L	W
S	M	F	L	M	Q	T	E	G

Spooky	Poof
Smoothie	Loom
Goo	Groom
Loose	Hoot
Loop	Boom

OU Sounds

L	K	M	B	Z	S	D	Q	K
P	L	R	O	C	N	T	Z	G
R	M	H	O	U	N	D	T	R
T	E	U	O	D	S	T	U	O
T	T	S	Z	N	B	E	O	U
L	U	Z	U	U	M	Y	P	C
L	H	O	J	O	R	R	S	H
G	W	V	B	R	H	W	N	Y
R	X	T	T	U	O	R	T	T

Round
Sound
Hound
Mouse
Grouchy

Scout
Trout
Spout
Bout
House

PH Sounds

T	E	L	H	P	M	A	P	Z
V	N	X	H	H	R	B	H	D
K	X	O	P	E	T	K	O	S
M	T	M	N	H	K	R	O	I
O	X	O	B	L	R	Z	E	H
X	H	P	H	I	L	A	Y	P
P	H	P	A	R	G	B	S	M
P	H	O	N	I	C	S	W	E
M	P	H	A	N	T	O	M	M

Memphis	Phonics
Phone	Photo
Phil	Pamphlet
Phrase	Phantom
Phooey	Graph

PL Sounds

L	Z	P	B	G	M	F	L	C
E	L	K	U	F	H	Y	L	Y
Y	G	L	K	N	A	L	P	T
J	P	D	W	P	L	A	I	N
P	L	F	E	B	L	T	N	E
L	U	C	M	L	B	O	P	L
A	C	L	U	C	P	L	W	P
Z	K	N	L	J	A	R	M	N
A	Y	L	P	Y	P	X	R	D

Plume
Plug
Plain
Plow
Plaza

Play
Plank
Pledge
Plucky
Plenty

PR Sounds

E	N	U	R	P	E	S	P	L
F	X	T	R	D	H	S	R	A
K	T	O	I	N	Y	E	O	P
M	M	R	M	M	K	R	D	I
M	P	R	I	M	E	P	T	C
P	P	R	I	Z	E	R	P	N
T	O	K	O	G	T	J	L	I
X	K	R	M	O	M	M	N	R
M	R	W	P	Q	F	Z	N	P

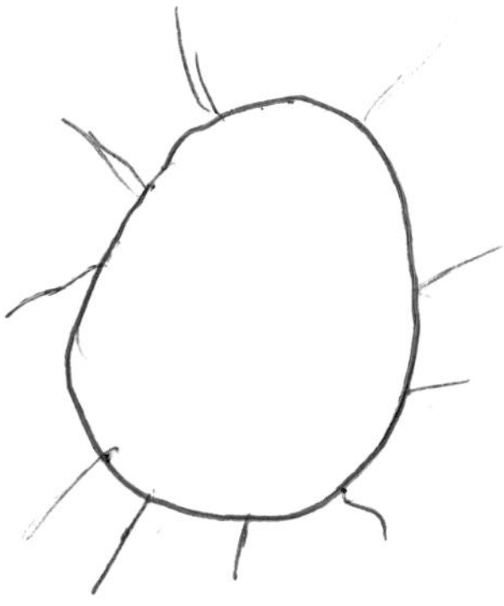

Press
Pride
Prime
Proof
Prod

Prom
Prune
Principal
Prop
Prize

RR Sounds

J	S	T	O	R	R	A	C	R
S	G	P	N	J	L	R	Y	M
E	T	F	A	Y	R	R	O	S
I	C	Y	N	R	R	X	A	H
R	E	R	T	E	R	R	N	U
R	R	R	F	W	R	O	B	R
E	R	A	L	I	M	H	W	R
B	O	C	V	R	X	X	D	Y
Z	C	E	F	U	R	R	Y	H

Carry
Ferry
Furry
Sparrow
Hurry

Arrive
Carrot
Sorry
Berries
Correct

Hard SC Sounds

G	M	M	Y	E	L	A	C	S
S	M	F	H	L	T	M	R	Z
C	S	L	C	B	N	C	S	S
A	C	C	T	B	L	W	C	Q
R	S	D	A	A	E	A	O	H
Y	C	P	R	R	N	K	R	N
R	O	W	C	C	V	L	E	P
T	L	S	S	S	N	E	T	X
M	D	D	S	C	A	T	S	Q

Scrabble
Screw
Scat
Scarves
Scary

Scan
Scale
Scold
Score
Scratchy

SH Sounds

S	H	E	L	L	T	P	T	K
K	S	S	N	K	I	N	P	T
R	H	L	H	H	O	S	T	F
K	A	L	S	E	H	O	T	F
H	P	L	N	E	E	K	H	M
E	E	I	D	Q	T	R	Z	S
O	V	R	N	E	N	I	H	S
H	F	H	R	V	T	Y	M	M
S	F	S	L	E	V	O	H	S

Shrill
Ship
Shell
Sheer
Shape

Shed
Shine
Shook
Shoe
Shovel

SS Sounds

M	T	J	K	H	M	B	X	M
G	B	H	I	S	S	S	B	I
S	M	L	Q	K	S	T	L	S
S	S	U	P	O	I	R	G	S
O	N	G	L	S	Z	S	G	L
R	K	Q	T	D	S	L	S	S
X	B	K	V	Y	A	O	S	S
K	X	L	K	S	R	O	M	A
T	W	T	S	L	B	Z	Y	P

Ross
Boss
Hiss
Kiss
Miss

Lass
Puss
Moss
Pass
Loss

ST Sounds

D	E	T	S	E	R	D	N	B
Q	G	E	J	P	J	K	K	B
L	K	V	T	O	D	R	E	W
H	C	I	D	S	E	S	C	E
R	E	T	Y	T	T	M	R	S
L	T	S	S	E	S	N	U	T
D	M	E	T	R	A	R	S	E
F	P	F	T	E	L	Y	T	R
B	U	S	T	E	R	W	Y	N

Festive	Poster
Pester	Crusty
Buster	Western
Hester	Rested
Best	Lasted

STR Sounds

E	L	F	R	F	E	X	N	G
S	K	L	S	T	V	K	N	Q
T	K	I	O	T	I	I	L	M
R	T	K	R	R	R	S	T	G
E	U	R	L	T	T	O	F	T
E	R	K	S	R	S	S	N	H
T	T	N	E	L	K	J	R	G
Y	S	A	L	S	T	R	A	P
R	M	Q	E	P	I	R	T	S

Strive
String
Strap
Strong
Street

Stream
Stripe
Strike
Stroll
Strut

SW Sounds

S	K	X	N	E	D	E	W	S
F	W	R	L	H	Y	T	N	F
P	W	E	M	E	E	A	S	B
W	P	P	A	E	V	W	W	K
R	A	P	W	T	E	I	S	S
C	W	S	S	R	E	K	W	J
R	S	F	V	H	Y	R	I	S
N	F	E	R	G	W	K	F	Z
R	C	S	W	O	O	N	T	G

Swam	Swerve
Sweet	Sweden
Swoon	Swivel
Sweater	Swap
Swift	Sway

TH Sounds

Z	V	W	T	W	F	R	P	K
Q	D	W	T	H	L	H	R	L
L	S	I	H	T	U	F	Q	L
T	H	R	E	A	D	M	T	I
H	D	K	R	R	N	H	P	R
A	K	J	E	R	I	L	Q	H
T	Z	T	O	N	R	Y	R	T
C	T	H	U	R	S	D	A	Y
H	T	H	E	A	T	E	R	M

Thrill
Thorn
Thread
Thump
Thursday

There
Theater
Thin
Thatch
This

TR Sounds

V	J	C	T	R	I	C	K	N
Q	F	I	B	G	R	N	N	G
T	T	F	F	M	I	R	T	T
Y	R	F	M	T	D	R	X	R
H	I	A	L	L	I	P	L	A
P	P	R	V	B	L	I	Q	S
O	L	T	E	E	A	O	M	H
R	E	Z	R	R	L	T	R	L
T	T	F	T	H	L	Z	G	T

Traffic
Trail
Trick
Travel
Trash

Tribe
Trim
Triplet
Troll
Trophy

Long U Sounds

Y	R	X	F	P	M	H	N	R
D	Y	E	U	W	L	D	N	H
X	U	P	F	R	U	R	X	C
H	I	B	W	E	W	E	I	V
L	H	Q	F	M	W	J	K	T
E	T	H	H	U	T	J	L	R
E	U	C	R	T	M	J	Q	N
U	O	E	W	E	M	E	U	M
F	Y	N	J	R	V	M	N	L

Youth	Pupil
Feud	View
Mew	Few
Cue	Fume
Mute	Hue

Short U Sounds

F	S	T	U	M	P	T	F	B
B	P	R	M	U	D	D	Y	H
W	T	M	P	G	Z	N	M	C
S	K	P	U	F	F	U	L	F
U	Y	G	E	J	T	R	K	Y
N	R	M	L	F	R	U	S	H
J	R	T	C	R	J	D	S	C
L	N	U	N	N	U	R	K	K
Y	Q	N	U	S	R	J	T	N

Uncle
Sudsy
Muddy
Tusk
Sun

Puppy
Fluff
Jump
Stump
Nut

WH Sounds

X	W	H	I	M	P	E	R	V
F	W	H	L	N	Z	H	E	W
R	K	H	W	E	C	Y	N	H
E	M	N	E	I	E	W	I	E
K	F	P	H	R	H	H	H	N
S	Y	W	N	O	E	D	W	W
I	T	N	O	W	H	I	R	L
H	L	P	W	C	L	N	K	G
W	S	Q	F	F	I	H	W	N

Whisker
Which
Whirl
Where
When

Whoops
Whiff
Whimper
Wheel
Whine

Y Sounds

T	T	B	K	A	Y	Y	Y	T
Q	R	D	L	Y	O	T	E	J
B	U	R	L	U	I	V	S	W
L	G	C	R	E	L	K	T	L
N	O	M	T	D	I	K	E	K
R	Y	R	T	N	C	Y	R	S
A	Y	E	L	L	O	W	D	X
Y	Y	T	Y	K	V	Y	A	N
N	R	V	Y	A	R	D	Y	Y

Yogurt
Yet
Yellow
Yesterday
Yikes

Your
Yak
Yield
Yarn
Yard

Long A Sounds

L	C	L	R	E	Y	M	K	E
T	A	E	J	Z	M	Q	C	L
G	V	M	Y	J	Q	A	N	B
L	E	A	V	E	L	M	T	Y
N	R	F	W	Z	K	L	A	S
G	R	R	M	A	W	M	A	T
P	L	A	Y	M	M	F	W	K
K	K	M	T	K	E	C	X	Y
T	E	D	A	W	Y	T	T	Q

Short A Sounds

P	R	N	B	B	R	K	C	T
Y	C	A	D	J	A	P	P	H
N	R	C	N	K	A	C	C	C
G	A	D	A	L	H	M	F	Z
T	M	P	H	D	J	K	C	D
V	H	T	N	A	D	C	N	B
G	T	T	L	X	M	A	N	A
X	N	T	K	B	S	M	Y	R
V	K	L	K	W	F	B	C	C

AR Sounds

P	S	P	A	R	N	T	W	L
P	M	L	G	T	D	C	T	H
R	K	A	T	R	H	G	A	P
E	E	M	R	A	M	X	R	T
B	J	V	R	T	N	M	T	Q
R	G	M	R	S	I	X	A	T
A	H	A	R	A	B	N	N	R
B	H	N	J	F	C	X	W	A
C	R	O	B	R	A	H	L	D

AW Sounds

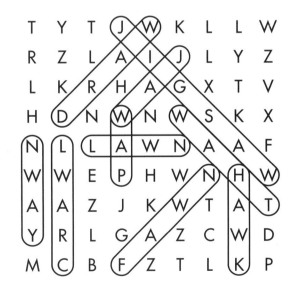

T	Y	T	J	W	K	L	L	W
R	Z	L	A	I	J	L	Y	Z
L	K	R	H	A	G	X	T	V
H	D	N	W	N	W	S	K	X
N	L	L	A	W	N	A	A	F
W	W	E	P	H	W	N	H	W
A	A	Z	J	K	W	T	A	T
Y	R	L	G	A	Z	C	W	D
M	C	B	F	Z	T	L	K	P

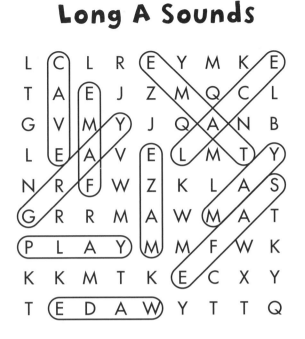

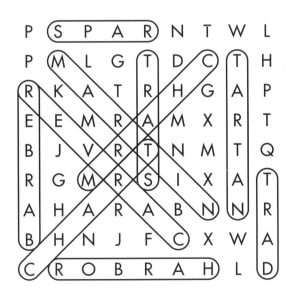

AY Sounds

R	Y	A	R	F	Y	P	Y	L
M	N	W	M	A	N	A	V	H
N	A	W	R	X	H	P	Y	J
Y	Y	O	N	S	T	R	A	Y
J	O	A	C	L	F	D	D	Y
H	Y	R	S	D	H	Y	O	X
N	G	H	X	G	K	A	T	L
P	L	G	D	J	A	J	Z	X
Q	D	X	F	N	Y	L	Y	N

BL Sounds

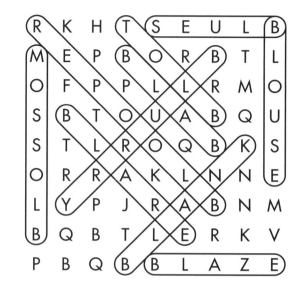

R	K	H	T	S	E	U	L	B
M	E	P	B	O	R	B	T	L
O	F	P	P	L	L	R	M	O
S	B	T	O	U	A	B	Q	U
S	T	L	R	O	Q	B	K	S
O	R	R	A	K	L	N	N	E
L	Y	P	J	R	A	B	N	M
B	Q	B	T	L	E	R	K	V
P	B	Q	B	B	L	A	Z	E

BR Sounds

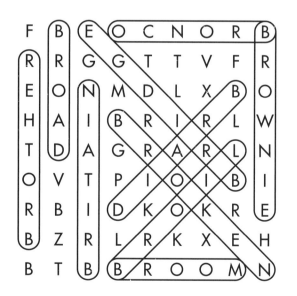

F	B	E	O	C	N	O	R	B
R	R	G	G	T	T	V	F	R
E	O	N	M	D	L	X	B	O
H	A	I	B	R	I	R	L	W
T	D	A	G	R	A	R	L	N
O	V	T	P	I	O	I	B	I
R	B	I	D	K	O	K	R	E
B	Z	R	L	R	K	X	E	H
B	T	B	B	R	O	O	M	N

Hard C Sounds

N	N	A	Q	C	L	P	E	K
N	D	Y	M	L	L	V	R	K
C	E	P	E	M	O	R	C	K
A	N	W	K	C	O	W	O	C
T	A	C	A	N	H	C	M	A
H	C	L	C	L	Y	K	I	R
Y	L	O	D	L	L	X	C	C
W	O	V	M	N	T	N	N	B
L	Y	F	M	O	C	K	T	M

Soft C Sounds

K	C	R	C	K	M	L	T	E
F	E	E	N	E	V	J	T	R
N	D	T	L	L	L	A	G	C
I	A	N	T	I	R	E	I	R
A	R	E	N	B	V	N	R	X
T	G	C	E	Z	E	I	Z	Y
R	L	L	C	M	G	R	C	V
E	E	L	A	E	R	E	C	Q
C	N	T	C	I	T	I	E	S

CH Sounds

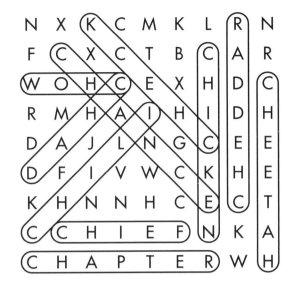

N	X	K	C	M	K	L	R	N
F	C	X	C	T	B	C	A	R
W	O	H	C	E	X	H	D	C
R	M	H	A	I	H	I	D	H
D	A	J	L	N	G	C	E	E
D	F	I	V	W	C	K	H	E
K	H	N	N	H	C	E	C	T
C	C	H	I	E	F	N	K	A
C	H	A	P	T	E	R	W	H

CK Sounds

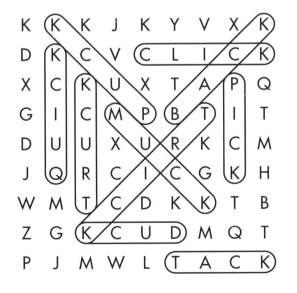

K	K	K	J	K	Y	V	X	K
D	K	C	V	C	L	I	C	K
X	C	K	U	X	T	A	P	Q
G	I	C	M	P	B	T	I	T
D	U	U	X	U	R	K	C	M
J	Q	R	C	I	C	G	K	H
W	M	T	C	D	K	K	T	B
Z	G	K	C	U	D	M	Q	T
P	J	M	W	L	T	A	C	K

CL Sounds

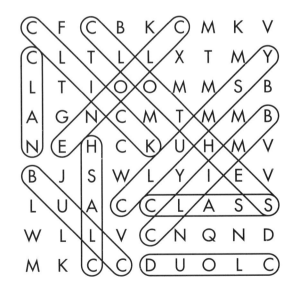

C	F	C	B	K	C	M	K	V
C	L	T	L	L	X	T	M	Y
L	T	I	O	O	M	M	S	B
A	G	N	C	M	T	M	M	B
N	E	H	C	K	U	H	M	V
B	J	S	W	L	Y	I	E	V
L	U	A	C	C	L	A	S	S
W	L	L	V	C	N	Q	N	D
M	K	C	C	D	U	O	L	C

DGE Sounds

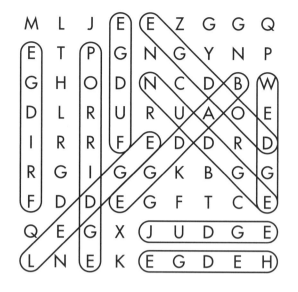

M	L	J	E	E	Z	G	G	Q
E	T	P	G	N	G	Y	N	P
G	H	O	D	N	C	D	B	W
D	L	R	U	R	U	A	O	E
I	R	R	F	E	D	D	R	D
R	G	I	G	G	K	B	G	G
F	D	D	E	G	F	T	C	E
Q	E	G	X	J	U	D	G	E
L	N	E	K	E	G	D	E	H

DR Sounds

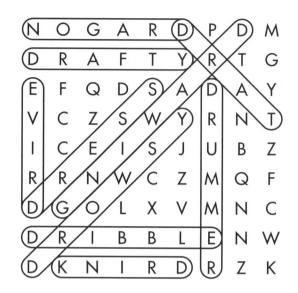

N	O	G	A	R	D	P	D	M
D	R	A	F	T	Y	R	T	G
E	F	Q	D	S	A	D	A	Y
V	C	Z	S	W	Y	R	N	T
I	C	E	I	S	J	U	B	Z
R	R	N	W	C	Z	M	Q	F
D	G	O	L	X	V	M	N	C
D	R	I	B	B	L	E	N	W
D	K	N	I	R	D	R	Z	K

Long E Sounds

T	S	A	E	F	M	H	K	M
R	B	M	E	A	T	C	E	S
G	Q	Q	E	N	L	Z	E	E
F	H	R	N	E	E	K	R	E
M	D	E	A	N	D	E	C	N
F	A	N	E	E	G	T	H	V
T	E	G	E	L	F	F	L	J
N	R	P	R	H	F	R	M	X
N	S	T	Z	C	K	C	N	Q

Short E Sounds

R	N	T	K	T	N	D	B	Y
L	M	R	T	N	D	N	R	E
T	E	S	W	N	N	E	K	L
Z	E	G	E	B	B	I	L	L
R	G	P	B	E	T	R	L	K
K	S	W	N	E	T	F	E	B
K	V	C	T	M	S	K	W	R
W	H	D	N	E	M	T	V	Y
K	L	E	N	D	G	J	G	Y

EA Sounds

B	H	B	R	M	L	K	V	T
D	T	A	N	A	A	L	Y	P
Q	E	N	A	E	L	E	T	F
D	C	K	E	R	L	A	R	B
M	T	S	B	C	E	V	L	D
Y	N	K	E	M	D	E	K	D
K	J	G	L	A	C	S	K	E
F	S	E	A	T	L	F	L	A
Q	Q	Y	T	X	W	F	H	L

GH Sounds

C	S	T	N	K	D	G	S	D
A	L	I	Z	T	H	I	N	A
U	B	V	G	G	G	M	E	U
G	K	R	U	H	Q	T	I	G
H	M	O	E	Q	T	H	G	H
T	D	D	T	A	U	G	H	T
T	H	G	U	O	B	I	B	E
N	B	T	Y	R	R	N	O	R
T	H	R	O	U	G	H	R	V

Hard G Sounds

N	T	K	M	P	G	A	Z	E
M	G	A	L	O	S	H	E	S
M	P	A	L	L	I	R	O	G
N	S	D	B	Y	N	G	N	G
H	A	B	B	E	J	O	W	O
G	G	B	D	K	L	L	B	O
V	E	R	Y	F	K	L	P	F
N	A	A	K	K	K	Y	I	Y
G	M	N	R	M	F	B	Z	G

GR Sounds

K	G	A	F	G	R	I	L	L
K	P	G	M	Y	V	A	R	G
E	E	R	M	D	F	G	G	T
E	D	I	G	F	N	R	L	E
R	A	E	D	R	E	A	C	K
G	R	F	R	A	O	A	R	N
H	G	M	T	Q	R	W	C	G
N	H	V	F	G	T	T	T	N
R	A	M	M	A	R	G	K	H

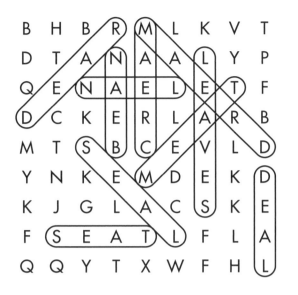

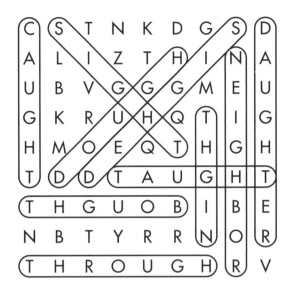

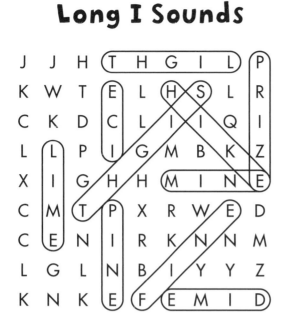

Long I Sounds

J	J	H	T	H	G	I	L	P
K	W	T	E	L	H	S	L	R
C	K	D	C	L	I	I	Q	I
L	L	P	I	G	M	B	K	Z
X	I	G	H	H	M	I	N	E
C	M	T	P	X	R	W	E	D
C	E	N	I	R	K	N	N	M
L	G	L	N	B	I	Y	Y	Z
K	N	K	E	F	E	M	I	D

Short I Sounds

B	I	L	L	K	F	P	V	C
T	B	J	M	N	C	F	L	N
M	Y	T	P	M	I	L	N	Z
H	N	L	T	S	I	L	Q	K
K	L	N	B	N	L	S	M	S
I	Z	I	Q	I	L	C	S	I
S	R	Y	R	I	P	S	R	R
S	D	H	S	X	K	I	K	B
M	T	S	R	G	C	D	S	T

J Sounds

E	Q	J	R	M	D	R	P	M
L	Y	O	B	M	U	J	R	J
G	Y	K	Q	J	Q	T	J	O
N	O	J	U	G	G	L	E	I
I	J	N	V	Z	N	J	N	N
J	K	Y	L	J	Y	H	L	L
D	R	W	Q	M	O	L	V	G
Y	P	P	V	J	Z	K	U	Y
J	O	U	R	N	A	L	E	J

K Sounds

K	E	L	T	T	E	K	W	M
O	W	E	N	O	C	Z	D	T
O	D	T	E	F	O	L	R	N
R	Z	I	H	K	T	Z	E	D
A	J	K	C	H	I	T	A	K
G	V	K	T	K	T	N	I	K
N	J	E	I	I	T	S	G	Y
A	Q	Y	K	N	S	P	N	Z
K	K	E	N	T	U	C	K	Y

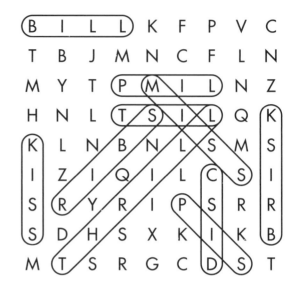

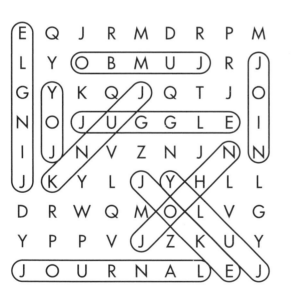

L Sounds

D	J	H	L	A	M	B	L	E
D	A	E	L	H	L	Y	K	X
E	V	Q	S	X	K	G	L	N
P	V	A	V	C	Z	K	A	C
R	E	O	U	Z	N	B	U	D
L	L	L	L	D	O	Q	N	A
Y	R	A	W	X	M	J	D	V
K	W	R	Z	M	E	T	R	A
N	M	M	N	Y	L	F	Y	L

LE Sounds

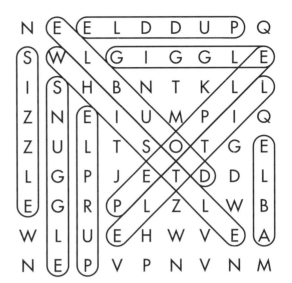

N	E	E	L	D	D	U	P	Q
S	W	L	G	I	G	G	L	E
I	S	H	B	N	T	K	L	L
Z	N	E	I	U	M	P	I	Q
Z	U	L	T	S	O	T	G	E
L	G	P	J	E	T	D	D	L
E	G	R	P	L	Z	L	W	B
W	L	U	E	H	W	V	E	A
N	E	P	V	P	N	V	N	M

LL Words

B	G	T	L	L	L	T	Z	L
B	N	T	W	X	L	L	W	N
V	L	M	E	L	E	L	N	T
M	Y	L	L	L	W	E	J	Z
H	N	E	U	L	L	P	M	B
K	H	B	L	F	B	S	I	B
S	K	A	N	C	A	L	L	E
R	W	W	K	J	L	T	X	L
G	J	X	P	L	L	O	T	L

Long O Sounds

L	P	M	A	O	F	M	C	T
F	N	Y	T	E	B	O	A	V
T	R	Y	S	H	M	O	M	V
W	Q	Z	O	B	B	O	F	C
J	L	W	H	S	E	W	R	O
H	O	J	G	W	R	F	D	A
R	O	D	C	K	C	H	L	S
B	J	P	R	M	T	L	O	T
W	X	F	E	B	N	Y	B	F

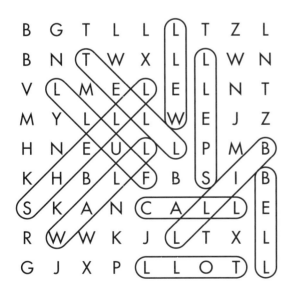

Short O Sounds

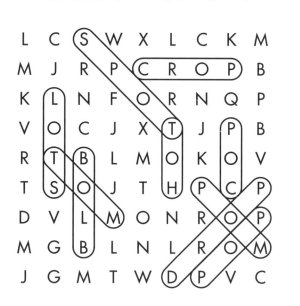

L	C	S	W	X	L	C	K	M
M	J	R	P	C	R	O	P	B
K	L	N	F	O	R	N	Q	P
V	O	C	J	X	T	J	P	B
R	T	B	L	M	O	K	O	V
T	S	O	J	T	H	P	C	P
D	V	L	M	O	N	R	O	P
M	G	B	L	N	L	R	O	M
J	G	M	T	W	D	P	V	C

OA Sounds

T	R	M	K	R	P	D	Q	K
N	L	H	C	A	O	C	T	K
V	N	A	O	R	G	A	L	N
T	Q	X	K	Q	J	X	D	F
A	K	C	R	O	A	K	O	T
O	Q	A	L	Z	L	A	K	S
L	R	A	O	W	L	W	T	A
F	O	M	A	S	J	X	K	O
G	Y	H	D	R	K	Z	F	T

OO Sounds

K	V	K	V	M	O	O	L	L
T	Y	Y	N	H	Z	W	E	O
O	K	Y	M	M	F	I	X	O
O	O	G	S	O	H	P	K	P
H	O	W	L	T	O	M	K	V
R	P	J	O	O	O	R	P	W
N	S	O	F	O	O	V	G	R
B	M	B	B	T	K	S	L	W
S	M	F	L	M	Q	T	E	G

OU Sounds

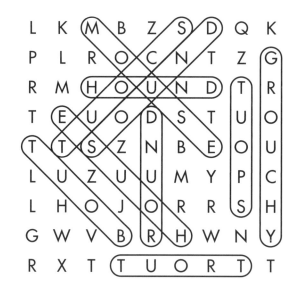

L	K	M	B	Z	S	D	Q	K
P	L	R	O	C	N	T	Z	G
R	M	H	O	U	N	D	T	R
T	E	U	O	D	S	T	U	O
T	T	S	Z	N	B	E	O	U
L	U	Z	U	U	M	Y	P	C
L	H	O	J	O	R	R	S	H
G	W	V	B	R	H	W	N	Y
R	X	T	T	U	O	R	T	T

PH Sounds

T	E	L	H	P	M	A	P	Z
V	N	X	H	H	R	B	H	D
K	X	O	P	E	T	K	O	S
M	T	M	N	H	K	R	O	I
O	X	O	B	L	R	Z	E	H
X	H	P	H	I	L	A	Y	P
P	H	P	A	R	G	B	S	M
P	H	O	N	I	C	S	W	E
M	P	H	A	N	T	O	M	M

PL Sounds

L	Z	P	B	G	M	F	L	C
E	L	K	U	F	H	Y	L	Y
Y	G	L	K	N	A	L	P	T
J	P	D	W	P	L	A	I	N
P	L	F	E	B	L	T	N	E
L	U	C	M	L	B	O	P	L
A	C	L	U	C	P	L	W	P
Z	K	N	L	J	A	R	M	N
A	Y	L	P	Y	P	X	R	D

PR Sounds

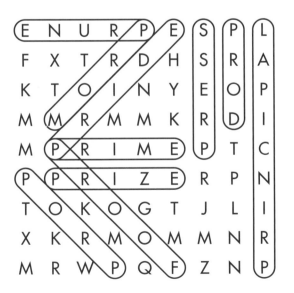

E	N	U	R	P	E	S	P	L
F	X	T	R	D	H	S	R	A
K	T	O	I	N	Y	E	O	P
M	M	R	M	M	K	R	D	I
M	P	R	I	M	E	P	T	C
P	P	R	I	Z	E	R	P	N
T	O	K	O	G	T	J	L	I
X	K	R	M	O	M	M	N	R
M	R	W	P	Q	F	Z	N	P

RR Sounds

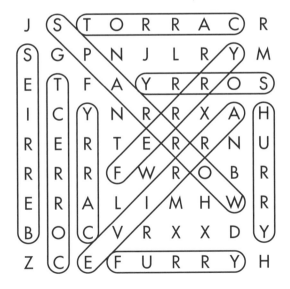

J	S	T	O	R	R	A	C	R
S	G	P	N	J	L	R	Y	M
E	T	F	A	Y	R	R	O	S
I	C	Y	N	R	R	X	A	H
R	E	R	T	E	R	R	N	U
R	R	R	F	W	R	O	B	R
E	R	A	L	I	M	H	W	R
B	O	C	V	R	X	X	D	Y
Z	C	E	F	U	R	R	Y	H

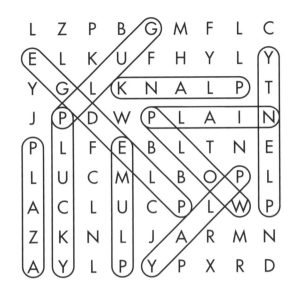

Hard SC Sounds

G	M	M	Y	E	L	A	C	S
S	M	F	H	L	T	M	R	Z
C	S	L	C	B	N	C	S	S
A	C	C	T	B	L	W	C	Q
R	S	D	A	A	E	A	O	H
Y	C	P	R	R	N	K	R	N
R	O	W	C	C	V	L	E	P
T	L	S	S	S	N	E	T	X
M	D	D	S	C	A	T	S	Q

SH Sounds

S	H	E	L	L	T	P	T	K
K	S	S	N	K	I	N	P	T
R	H	L	H	H	O	S	T	F
K	A	L	S	E	H	O	T	F
H	P	L	N	E	E	K	H	M
E	E	I	D	Q	T	R	Z	S
O	V	R	N	E	N	I	H	S
H	F	H	R	V	T	Y	M	M
S	F	S	L	E	V	O	H	S

SS Sounds

M	T	J	K	H	M	B	X	M
G	B	H	I	S	S	S	B	I
S	M	L	Q	K	S	T	L	S
S	S	U	P	O	I	R	G	S
O	N	G	L	S	Z	S	G	L
R	K	Q	T	D	S	L	S	S
X	B	K	V	Y	A	O	S	S
K	X	L	K	S	R	O	M	A
T	W	T	S	L	B	Z	Y	P

ST Sounds

D	E	T	S	E	R	D	N	B
Q	G	E	J	P	J	K	K	B
L	K	V	T	O	D	R	E	W
H	C	I	D	S	E	S	C	E
R	E	T	Y	T	T	M	R	S
L	T	S	S	E	S	N	U	T
D	M	E	T	R	A	R	S	E
F	P	F	T	E	L	Y	T	R
B	U	S	T	E	R	W	Y	N

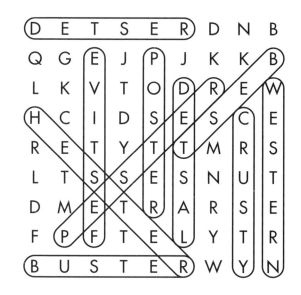

STR Sounds

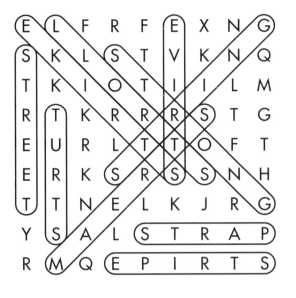

E	L	F	R	F	E	X	N	G
S	K	L	S	T	V	K	N	Q
T	K	I	O	T	I	I	L	M
R	T	K	R	R	R	S	T	G
E	U	R	L	T	T	O	F	T
E	R	K	S	R	S	S	N	H
T	T	N	E	L	K	J	R	G
Y	S	A	L	S	T	R	A	P
R	M	Q	E	P	I	R	T	S

SW Sounds

S	K	X	N	E	D	E	W	S
F	W	R	L	H	Y	T	N	F
P	W	E	M	E	E	A	S	B
W	P	P	A	E	V	W	W	K
R	A	P	W	T	E	I	S	S
C	W	S	S	R	E	K	W	J
R	S	F	V	H	Y	R	I	S
N	F	E	R	G	W	K	F	Z
R	C	S	W	O	O	N	T	G

TH Sounds

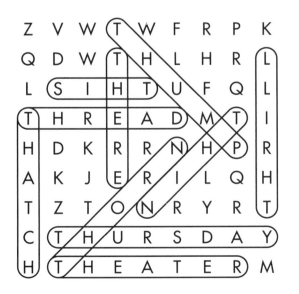

Z	V	W	T	W	F	R	P	K
Q	D	W	T	H	L	H	R	L
L	S	I	H	T	U	F	Q	L
T	H	R	E	A	D	M	T	I
H	D	K	R	R	N	H	P	R
A	K	J	E	R	I	L	Q	H
T	Z	T	O	N	R	Y	R	T
C	T	H	U	R	S	D	A	Y
H	T	H	E	A	T	E	R	M

TR Sounds

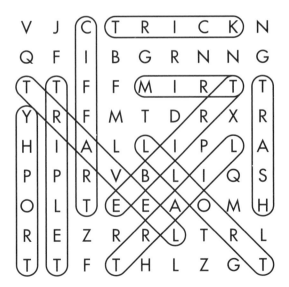

V	J	C	T	R	I	C	K	N
Q	F	I	B	G	R	N	N	G
T	T	F	F	M	I	R	T	T
Y	R	F	M	T	D	R	X	R
H	I	A	L	L	I	P	L	A
P	P	R	V	B	L	I	Q	S
O	L	T	E	E	A	O	M	H
R	E	Z	R	R	L	T	R	L
T	T	F	T	H	L	Z	G	T

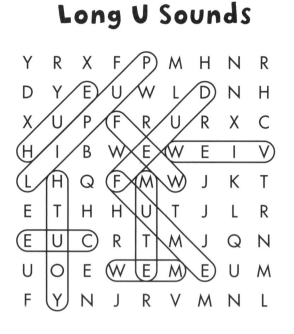

Long U Sounds

Y	R	X	F	P	M	H	N	R
D	Y	E	U	W	L	D	N	H
X	U	P	F	R	U	R	X	C
H	I	B	W	E	W	E	I	V
L	H	Q	F	M	W	J	K	T
E	T	H	H	U	T	J	L	R
E	U	C	R	T	M	J	Q	N
U	O	E	W	E	M	E	U	M
F	Y	N	J	R	V	M	N	L

Short U Sounds

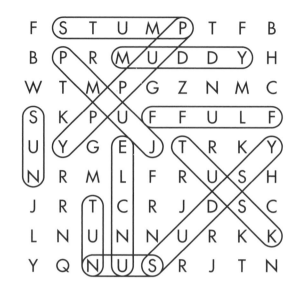

F	S	T	U	M	P	T	F	B
B	P	R	M	U	D	D	Y	H
W	T	M	P	G	Z	N	M	C
S	K	P	U	F	F	U	L	F
U	Y	G	E	J	T	R	K	Y
N	R	M	L	F	R	U	S	H
J	R	T	C	R	J	D	S	C
L	N	U	N	N	U	R	K	K
Y	Q	N	U	S	R	J	T	N

WH Sounds

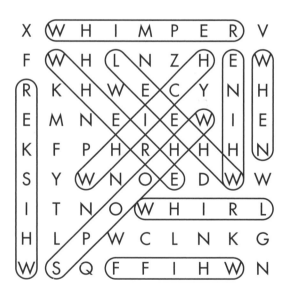

X	W	H	I	M	P	E	R	V
F	W	H	L	N	Z	H	E	W
R	K	H	W	E	C	Y	N	H
E	M	N	E	I	E	W	I	E
K	F	P	H	R	H	H	H	N
S	Y	W	N	O	E	D	W	W
I	T	N	O	W	H	I	R	L
H	L	P	W	C	L	N	K	G
W	S	Q	F	F	I	H	W	N

Y Sounds

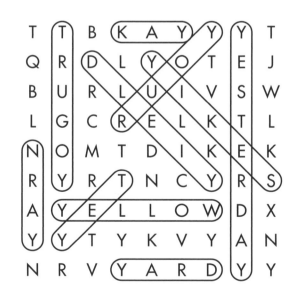

T	T	B	K	A	Y	Y	Y	T
Q	R	D	L	Y	O	T	E	J
B	U	R	L	U	I	V	S	W
L	G	C	R	E	L	K	T	L
N	O	M	T	D	I	K	E	K
R	Y	R	T	N	C	Y	R	S
A	Y	E	L	L	O	W	D	X
Y	Y	T	Y	K	V	Y	A	N
N	R	V	Y	A	R	D	Y	Y